Max de Radiguès

Frangins

Ernst Klett Sprachen
Stuttgart

Klett Augmented

Zu diesem Comic findest du online 14 Übungen um Leseverstehen, Wortschatz und Grammatik zu trainieren. Somit kannst du spielerisch prüfen, ob du beim Lesen alles verstanden hast. Mit der Klett-Augmented-App gelangst du direkt auf die Startseite, wenn du diese Seite scannst.

Falls du keinen Zugriff auf die Klett-Augmented-App hast, gib folgenden Online-Code **kbs7kxg** auf www.klett-sprachen.de im Suchfeld oben rechts ein, so gelangst du auch zu den Online-Übungen.

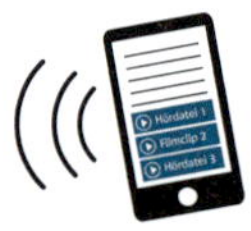

Klett-Augmented-App kostenlos downloaden und öffnen

Bilderkennung starten und **diese Seite** scannen

Medien laden, direkt nutzen oder speichern

1. Auflage 1 54321 | 2024 23 22 21 20

Internetadresse: www.klett-sprachen.de

Redaktion: Sylvie Cloeren, Anne-Sophie Guirlet-Klotz
Annotationen und Online-Übungen: Verena Plomer

Druck und Bindung: AZ Druck und Datentechnik GmbH, Heisinger Straße 16, 87437 Kempten/Allgäu/
Medienhaus Plump GmbH, Rolandsecker Weg 33, 53619 Rheinbreitbach

Printed in Germany

ISBN 978-3-12-591459-9

FRANGINS

Max de Radiguès

Sarbacane

OCTO+
On est là, c'est ça, hein?
mh-m
B TJZ 340

Et voilà.
Merci papa.
Bah... J'aurais quand même préféré les tartines en triangle de la station...
T'as même pas encore goûté, c'est du bon fromage de chèvre. Et puis je t'ai acheté tes chips ...
mmmm
mache mache
Ouais, c'est bon... c'est quoi déjà ?

euh...
Je sais qu'on avait prévu des vacances entre père et fils, à deux...
Mais... l'ex-mari de Valérie ne prend plus Michel cette semaine et...
Me dis pas que tu leur as proposé de nous rejoindre!? Michel me déteste! Tu le sais bien...
Ils arriveront demain...

Je te dis que ça va bien se passer...
Allez, arrête de râler...
Hugo?
Tu ne me parles plus?
On va bien s'amuser, tu verras...
BONDOLE

Bonne-maman a laissé Cartouche dans l'étable. Tu peux aller le chercher...
aouw!
Hé Cartouche!
GWIIII
Ha,ha...
Salut Cartouche
Bon chien... Je suis content que Bonne-maman ne t'ait pas pris en vacances avec elle.

Papa, je peux laisser entrer le chien?
oui, oui...
Ah tiens, tu me reparles?
LAIT
mmh...
Oui
Mais
... mais c'est pas pour ça que je t'ai pardonné.
Disons que c'est un bon début.

T'as besoin d'un coup de main ?
Non, c'est gentil. Je m'occupe du dîner.
Va t'installer si tu veux, je t'appellerai pour mettre la table.
Non! Cartouche! Pas les biscuits!!!

ZIP

speed WHEELS

Harry Potter
et la coupe
de feu
ROWLING

HUGO?
hu?
On va pouvoir manger, tu viens mettre la table?
euh... oui, oui
Je te dérange?
Non, non, je lisais juste mon Harry Potter.
Abracadabra, Hugo la table mettra
Mais ils disent pas abracadabra, papa...

mmh... Papa?
oui?
non, rien...

Hey! Baby!
Vas-y
Qu'est-ce que tu regardes?
Baisse les yeux, bouffon!
Pfffff...
Je ressemble à rien

Extinction
des feux
...
Tiens, c'est quoi
cette photo ?
Hum ?
juste un
marque-
page...
Bonne nuit
'pa...

Hugo, tu veux sortir avec moi?
Ça n'arrivera jamais...
Fait chier...

Ah... voilà le lève-tard.
Bien dormi, Hugo ?

Bonjour Valérie
Salut Papa
Hey
Hey
Euh, papa, je peux prendre mon petit déjeuner dehors en promenant Cartouche ?
Quoi ?! Mais Valérie et Michel viennent juste...
Laisse, c'est les vacances ...
LAIT
Merci Valérie ! Je remplis mon sac et j'y vais.
Tu veux l'accompagner, Michel ?
hein ?!
Non... J'ai mis pause à ma partie, et si je finis pas mon level, je ne pourrai pas sauvegarder...

CARTOUCHE!
Allez, on part en balade...

BAHAHAHA
TACACACATAA
AAH

SNFF
SNFF
HA HA
Ha ha... arrête, Cartouche!
Dommage... Pendant une seconde, j'ai cru que t'étais vraiment mort...

Qu'est-ce que, tu fous là toi?
Ton père m'envoie te dire qu'il ne veut plus que tu reviennes...
jamais...
Je suis désolé.
Ha ha...
En vrai, ma mère et ton père m'ont obligé à venir te rejoindre...
Ils veulent qu'on passe plus de temps ensemble.
Depuis quand tu les écoutes?

Ben...
C'était ça ou...
...aider ton père à refaire le mur du fond du jardin.
Je préfère encore traîner avec toi que porter des vieilles pierres...

Tu comptais faire quoi ? T'allais pas jouer à la guerre toute la journée, quand même ?
Euh non...
J'avais trouvé un endroit avec des gros rochers, l'an passé...
Je voulais essayer d'aller les escalader...
c'est loin ?
euh...
C'est à plus ou moins une demi-heure par là...
Allons-y, l'intello...

alors?
alors quoi?
euh

Ben... je sais pas...
T'as réussi tes examens?
HA HA
quoi?
J'ai des devoirs de vacances en S.V.T, français, histoire et anglais...
Tout ça!
Je suis pas un intello-binoclard comme toi.

Ben, l'intello-binoclard, il a lui aussi des devoirs en physique et en maths...
Ah... j'aurais jamais cru ça de toi...
Moi non plus...
On y est presque, c'est derrière cette colline...
enfin

AÏE! Putain d'orties!
C'est quoi, ce truc?
C'est là qu'on va...
ACCES INTERDIT
DANGER
PROPRIETE PRIVEE
hein?
euh... Moi, je ne sais pas ce qu'il y a là-dedans mais j'y mets pas les pieds! Non merci, j'ai encore des choses à vivre...
Relax, j'y ai déjà été plein de fois.

Allez Cartouche, encore un petit effort...
C'est bien, mon grand... Tu viens, Michel ?
Euh... je sais pas... Tu crois pas qu'il y a une raison à tous ces panneaux ?...
Et moi qui pensais que j'étais l'intello et toi le rebelle...
moi aussi ...
C'est qu'une vieille grille. Je crois que c'était une scierie ou un truc du genre...
Pourquoi une scierie mettrait des protections pareilles ?
J'en sais rien... Viens ! T'as la trouille ou quoi ?
Non pas du tout, j'arrive ...

Si y a un problème, j'aurai pas de scrupules à te laisser derrière...
Y aura rien, relax...
T'en sais rien, si ça se trouve l'armée teste des armes ici, genre biologiques, robotiques... Ou ils planquent des aliens comme dans la zone 51 aux USA...
Tu regardes trop la TV, mec!
Regarde plutôt, c'est là où on va...
Ah ouais! Tranquille!
Et c'est quoi, le truc bleu?
Hein? où?

Où ça?
Tu vois le grand rocher plat sur une face?
mmmh...
OK, je le vois.
Regarde un peu plus haut, sur la gauche...
ça y est, je le vois!
Tu crois que c'est quoi?
Bah... c'est pas naturel, en tout cas...
mmh...

Hé! Attends!
ben quoi? On va voir.
Et si c'était toi qui avais raison? S'il y avait vraiment l'armée ou des aliens? On devrait rentrer...
Ah! Je me disais bien que t'étais qu'un binoclard-trouillard!
Va maçonner le mur avec ton père, bébé!
POULE MOUILLÉE
Même pas peur...
Hein?!
C'est bon, je viens...
Arrête!
CÔT CÔT CÔT
pauvre con!

Attends-moi...
WOOSH
CARTOUCHE
Le rocher plat est juste là...
wou?

Il est vraiment bizarre, ce rocher...
C'est comme si ça avait été coupé net par quelque chose...
Ouais, par une technologie ultra-avancée... genre...
LES ALIENS!
Ha, ha! T'es vraiment trop con. C'est juste un rocher.
WAAAAAA!

Whaaa... Une Hudson Hornet!
Hudson Hornet? Comment tu connais ça?
C'est le juge dans CARS...
Quoi?
C'est un des personnages dans un dessin animé Pixar...
Ha ha
Le gros bébé qui regarde encore des dessins animés!
CRiiiiii
T'es vraiment con, c'est consternant!

BRRRRRR
Ça devait être un vrai piège à filles, cette caisse !
GNiii
T'imagines?
euh...
T'es pas intéressé par les filles ou quoi ?
hein ?!
Si, si... bien sûr mais...

T'as jamais embrassé de filles, hein le binoclard?
T'as quoi? 13 ans? Et t'as jamais embrassé de filles?!
HA HA
T'es pitoyable ...
Je commençais presque à t'apprécier mais finalement non... Il faut toujours se fier à sa première impression!
Parce que tu es un expert en filles, toi, peut-être?!
pfff
Ouais, on pourrait dire ça, minus...

J'ai même déjà...
aaah
...
Fais pas cette tête, toi aussi un jour tu...
CRAC BOUM HU!

YiHAAAA!
GNNiiii
GNiii
GNiii
WOUUU!
euh...
Michel, on bouge!
WAHAA
Hein?

WAOUF WAOUF
Ça s'accélère, oh putain!!!
Appuie sur le frein! MICHEL!
Je ne sais pas où c'est! Je ne sais pas conduire, moi!
Pédale de gauche
ça marche pas!

AAAAAAAAH
Oh purée!

AAAAAAAAH

FRRRRR
SHKRRR
CRASH

GNiiii
GNiiiii
GNiiiii
GNiiiiii
GNiiiiiii
GNiiiii
aouuWW

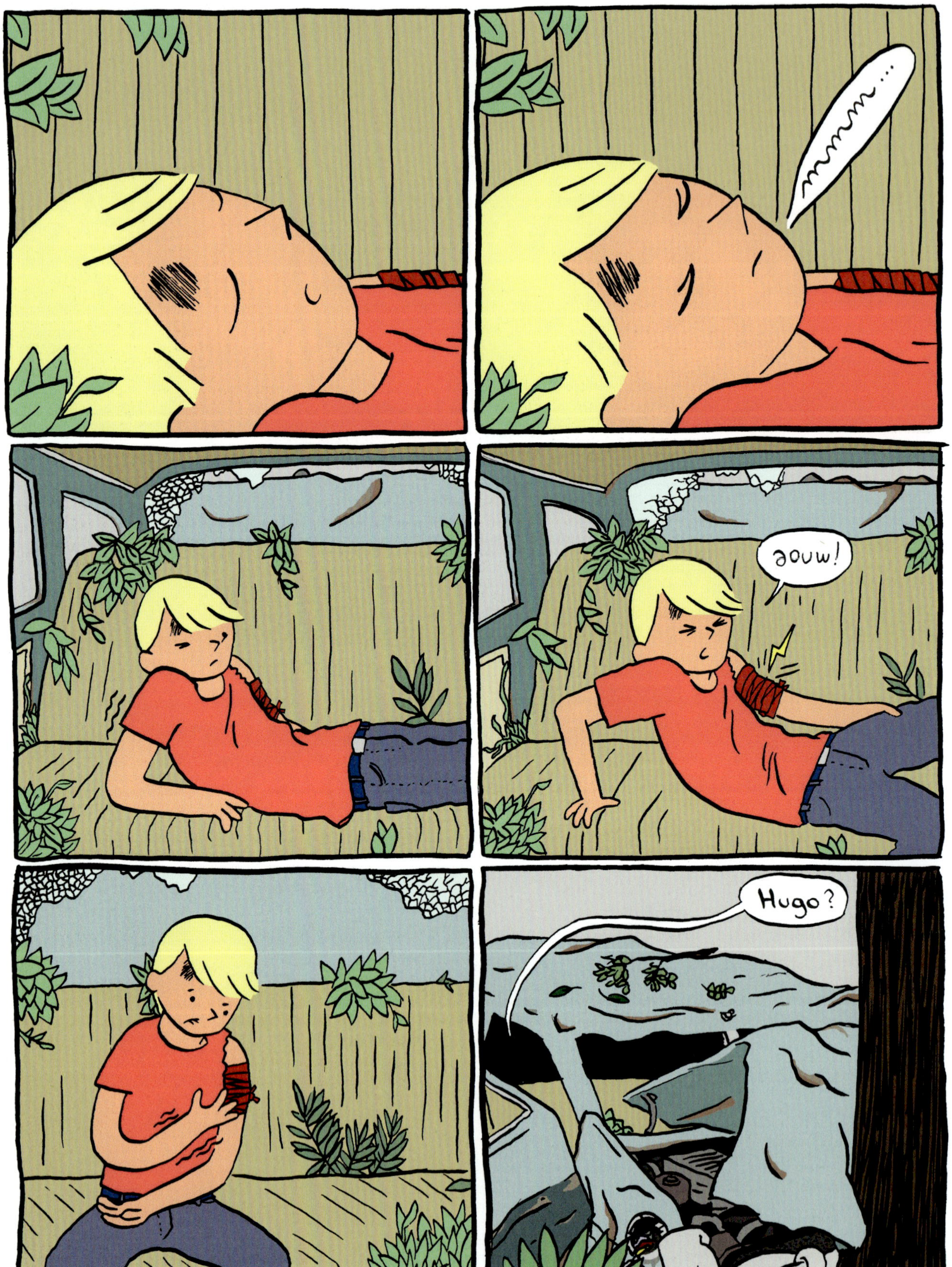
mmm...
aouw!
Hugo?

Hugo ?
HUGO!
Par ici.

Hé, t'es réveillé ?
Waow...
Ça va, ton bras ?
Ouais ça va ! C'est pour ça que t'as bousillé mon t-shirt ?!
T'aurais pas pu aller chercher quelqu'un, plutôt ?!!

Et puis, qu'est-ce que tu fous ?!
J'essaie de faire un feu.
Ouais, ben c'est plus l'heure de jouer à l'Indien.
Viens, on rentre!
Debout!
euh...
Qu'est-ce que t'attends ?!
Allez! Viens!
On est coincés ici Michel...

C'est toi qui es coincé, Hugo!
On est dans un trou.
On est entourés de falaises... Il n'y a pas de sortie...
Elles sont trop hautes pour les escalader... Et puis avec ton bras, tu n'iras pas bien haut...
Mon bras va très bien !
Regarde!
AOUW

Ça va ?
Me touche pas !
Fais du camping si tu veux, moi je rentre !
J'aurais mieux fait de poser des briques avec ton abruti de père...
Ouais, c'est ça, casse-toi !

BLING
bing
bang
plong

Mmh...
Par là, c'est bloqué.
J'ai qu'à longer la falaise ...

oh...

... on est bloqués.

aouww...
FRRRRRRR
hein ?!
FRRRRRRR
CRAC!

Déjà de retour ? Je croyais que tu étais rentré à la maison.

Euh, ça va
Michel ?
Vraiment super,
ton feu...

P..
shhhhhhht
Me dis pas de me taire ! Je...
Ferme-la ! Je crois qu'on n'est pas seuls dans ce trou !
Quoi ?
Comment ça ?
Je ne sais pas, j'ai entendu un truc bizarre là-bas... Y a peut-être une raison pour ces grillages...
Peut-être qu'ils ont réimplanté des ours ou des loups !

Des ours...
...ou des loups?
Mais qu'est-ce que tu fais ?
Les ours et les loups ont peur du feu, il nous faut un feu !
Pfff... Qu'est-ce que t'es stressé ...
SCRITCH
Tiens

POC
T'avais un briquet depuis le début? Tu m'as vu essayer d'allumer ce feu depuis des heures et tu m'as rien dit ?!!!
Tu ne m'as pas demandé...
J'aurais préféré que tu meures dans cet accident ...

Hip hip hip pour Hugo, il a fait un feu !
CLAP
CLAP
Tu peux aller t'asseoir ailleurs, si tu veux...
Non, ça va ...
Je te préviens ! Si...
...

Ha ha...
Tu ne vas pas te mettre à pleurer ...
Je suis coincé dans un trou avec des loups et des ours!
Et avec toi, en plus ...

Et t'es blessé...
Hugo ?

Hugo?
Hugo?
Tu veux une clope?
Je fume pas...
Je m'en doutais, ça te branche d'essayer? Allez...
mmmh ok...

Vas-y, aspire en même temps.
THEUX

Tu aspires et tu gardes la fumée dans les poumons.
Tu vois, c'est facile...
À ton tour...
hum...

THEUX
THEUX
ERH
THEUX
HA
HA
THEUX
THEUX

Tiens, reprends ta clope!
D'abord, c'est dégueu...
FROTTE FROTTE
... et puis ça donne le cancer!
HA HA HA HA
...
T'es qui? Ma mère? Ma prof?
Va te faire foutre! T'es qu'un gros naze!

Je vais chercher du bois.
aah enfin la paix...
CRR
HOU
HOU
TKTK
CRR
CRR
CRA
FRRRRR...
FRRR

Michel ?
FRRRR
CRACK
wouais ?
AAAH
MICHEL !
T'as raison, il y a vraiment quelque chose avec nous ici !
TRRK
TRK

J'ai pris la banquette arrière de la caisse...
Cool, non ?
T'as bouffé tout ce qui restait de mon petit déjeuner sans m'en laisser ?!
Ouais, décholé, ch'avais la dalle...
Ch'est qui, la fille ?
TAP TAP
GRRR...
Tu me donnes son numéro que je lui montre ce que c'est, un vrai mec !
RAAAAH...
JE TE DÉTESTE !!

C'est tout ce que t'as, le binoclard?
AAAAH...
SPLASH

Allez, viens, on va se sécher près du feu...
Allez...
Tu m'as explosé la mâchoire.

Tu sais, je fume pas, c'était juste pour t'impressionner...
Hein ?
J'ai piqué le paquet à ma mère avant de partir ce matin.
J'ai jamais couché avec une fille non plus...
Je suis sorti une fois avec une fille pendant trois semaines...
C'était avant les vacances, elle m'a quitté pour pouvoir sortir avec d'autres gars pendant l'été...

C'est Alice.
La fille sur la photo...
...c'est Alice.
C'est ta copine?
J'aimerais bien...
On s'entend bien mais je sais pas si...
...elle m'aime bien comme un ami ou plus?

Si t'essayes pas, il se passera jamais rien...
Moi, je me suis déjà pris un râteau... C'est un peu gênant mais c'est vite oublié par tout le monde...
À ta place, je foncerais...
Mais si jamais elle dit oui ?
Ben, tu l'embrasses ...
Heu... Michel ?
Mm ?

Non, rien...
Ben vas-y, t'allais dire quelque chose
Si elle veut bien et que je dois l'embrasser, je fais comment ?
merci.
T'inquiète pas, t'auras juste à te pencher vers sa bouche.
Une fois que t'es tout près, c'est elle qui va t'embrasser. Les filles sont plus débrouillardes... Elle saura comment faire.
T'auras juste à faire comme elle... T'inquiète pas pour ça...

Merci.
FRRRR
FRRRR
FRRRRR
CRACK
LE LOUP!

RAAH
FRFRFF
FFFRRRRR
GRRR
CRACK
YAAA
Juste là !
FRRRRR
KAÏ KAÏ

Je crois que tu l'as touché.
Bien joué Hugo, t'as fait reculer un loup !
Allez, viens...
Il faut qu'on fasse un plus gros feu...

Je pense qu'il est assez grand...
Faut qu'on dorme un peu ...
On va faire des tours de garde...
ok.
Va te coucher, je te réveille dans une heure ou deux pour me remplacer...
Ça va aller?
T'inquiète, je te réveille s'il y a un souci...

Hugo...
Ouais ?
Finalement, c'est pas si mal d'être ton demi-frère...
Techniquement, on est des quasi-frères mais...
...oui, c'est pas si mal d'être ton demi-frère non plus...

FRRRRRR

FRRRRRRR
CRAC
Michel?
FRRRRRRRR
CRACK
BRRRFFFFFF
AAAH

AAA
CARTOUCHE!
J'ai jamais été aussi heureux de te voir !
Michel!
Michel!

Michel ! Réveille-toi !
Michel !
Quoi ?
Regarde qui est là !
Ton chien... super...
Maintenant, laisse-moi dormir, ça m'aide à oublier que je crève de faim...
Mais t'es vraiment trop nul !

Cartouche n'était pas dans la voiture avec nous !
Il n'est jamais tombé dans ce trou, lui !
Il y a une sortie!
HA, HA! Une sortie!
euh...
HA HA
Ouais... chouette.

Allez Cartouche, montre la sortie!
La sortie d'abord, les caresses après.
Allez, Cartouche ...
Mais non Cartouche! Pas jouer, la sortie, ...
S-O-R-T-I-E.
LÂCHE ÇA CARTOUCHE! ALLEZ!
Pfff...
CARTOUCHE, lâche ce bâton!
Super ton clebs, on va crever de faim ici...
top.
Mais oui! Bonne idée!
Quoi? On mange ton chien?

On rentre à la maison, Cartouche?
On va manger?
WAF!
Attends-nous!
Viens!
Je suis juste derrière toi!

Aw, les ronces!
WAAH! Les orties!
Ça va?
Mais pourquoi j'ai mis un short?
Allez viens, je passe devant maintenant.
O-ok

Prends ton élan ici!
Quoi?
SPLASH
Où est Cartouche?
Là-dedans.

Je passe le premier...
Michel... T'es sûr que c'est une bonne idée?
AAAAH
Michel?
C'etait une blague! Allez, Hugo, viens!
Ha ha Je le savais ...

Michel?
Cartouche?
Michel?! Y a plus de passage! Je suis bloqué!
Gueule pas! Y a plein de chauves-souris...
Viens, monte.
T'inquiète.
Je te tiens.

Ça va ?
oui...
Faut encore monter, je crois...
Fait gaffe, y a de l'eau ici...
SPLOUSH
De la lumière !
Waow.

On voit la voiture d'ici ...
WOUA WOUA
Oui, oui... On arrive.

Vas-y!
On s'en est sortis.
Ouah! Quelle chute on a fait!
mm.
Allez viens, on rentre à la maison.

Ça va ?
Ouais.

On arrive à la maison!
Mmmh, un chocolat chaud...
Waow... T'as vu, y a même une voiture de police.
BON! Je te préviens!

Max de Radiguès